Inhalt

Verhätscheltaktik - Unternehmen umgarnen Mitarbeiter mit "Social Benefits"

Kernthesen

Beitrag

Fallbeispiele

Weiterführende Literatur

Impressum

Verhätscheltaktik - Unternehmen umgarnen Mitarbeiter mit "Social Benefits"

Harald Reil

Kernthesen

- Deutsche Firmen versuchen mit Work-Life-Balance-Initiativen ihre Mitarbeiter an sich zu binden und neue zu gewinnen.
- Hintergrund dieses Kulturwandels in der Personalstrategie ist der demografische Wandel, der gute Mitarbeiter immer rarer macht.
- Die Sozialprogramme gereichen nicht nur jüngeren Mitarbeitern zum Vorteil, auch ältere Arbeitnehmer werden in Zukunft zunehmend davon profitieren.

- Darben müssen hingegen die Zeitarbeiter. Für sie ist der Paradigmenwechsel einer sozialeren Arbeitswelt noch in einer Ferne.

Beitrag

Das Zauberwort heißt Work-Life-Balance

Die Deutschen werden immer älter. Was für Arbeitgeber ein Horrorszenario ist, ist für Arbeitnehmer ein Segen. Sie fühlen sich im Aufwind. Schon jetzt ist der Kampf um das wertvolle Personal in vollem Gange, in Zukunft wird er sich noch verschärfen. Konzerne, Mittelständler und Kleinunternehmen müssen ihre Mitarbeiter hegen und pflegen, damit diese nicht zum nächsten Brötchengeber weiterziehen, da sie dort nicht nur eine bessere Bezahlung, sondern auch bessere Arbeitsbedingungen vorfinden. Work-Life-Balance heißt das Zauberwort, das in aller Munde ist und das vor allem für die Generation Y immens wichtig ist. Diese jungen Menschen, die zwischen den Jahren 1980 und 1990 das Licht der Welt erblickten, fordern viel von ihrem potenziellen Arbeitgeber. Dazu gehören nicht nur spannende Aufgaben, sondern auch hervorragendes Equipment, flexible Arbeitszeiten, Trainings- und Entwicklungsmöglichkeiten, eine Arbeitsumgebung mit Atmosphäre, jede nur vorstellbare Art von Service sowie eine ausgezeichnete Verpflegung - und diese am liebsten auch noch gratis. Gleichzeitig nimmt gerade bei den jungen Talenten die Zahl der Karriereverweigerer zu. Angesichts dieser Ansprüche müssen sich Firmen und Recruiter gewaltig ins Zeug legen, um die besten Köpfe anzuziehen und dauerhaft an sich zu binden. Die neue Personalstrategie lautet daher: Wenn der Mitarbeiter verhätschelt werden will, sollten wir das auch tun. (1), (2), (10)

Fitness-Studios und Kindergartenplätze

Der Kulturwandel in der Personalstrategie, der in deutschen Unternehmen derzeit zu beobachten ist, ist selbstverständlich aus der Not geboren. Je weniger Arbeiter und Angestellte es gibt, desto wertvoller werden sie. So einfach ist die Gleichung. Auch für das Verhältnis zwischen Arbeitgebern und Arbeitnehmern greifen also die Gesetze des Marktes. Unternehmen, die das nötige Kleingeld übrig haben, überschlagen sich daher geradezu, um mit einer ausgeprägten sozialen Ader zu glänzen. Denn nur so lässt sich das Humankapital, das sie so dringend benötigen, dauerhaft an sich binden. Das zumindest ist die Hoffnung. Die Verhätschel- und Verwöhnstrategie zeitigt auch schon erste Erfolge: Es gibt Firmen, die sich um Kindergarten- und Kinderkrippenplätze kümmern oder die ihren Mitarbeitern monatelange Auszeiten gewähren, die diese nach eigenem Gutdünken nutzen dürfen - und dafür auch noch Geld bekommen. Andere kooperieren mit Fitness-Studios, um die Schaffenskraft ihrer Angestellten zu erhalten. Wieder andere legen Arbeitsflächen mit gelenkschonenden Holzfußböden aus, richten Büros mit ergonomischen Möbeln ein, setzen aus Rücksicht auf Eltern und deren Kinder keine späten Besprechungen mehr an oder bieten Telearbeitsplätze und Teilzeitmodelle an. Für Menschen jener Generation, die jetzt in das Berufsleben einsteigt, brechen, so scheint es, goldene Zeiten an - vorausgesetzt, sie sind gut ausgebildet; denn für niedrigqualifizierte Arbeiter gelten noch immer andere Gesetze. [(3)](), [(4)](), [(6)](), [(7)](), [(8)](), [(9)]()

Unternehmen erwachen aus dem Jugendwahn

Aber nicht nur die junge Generation kommt in den Genuss einer immer sozialer werdenden Arbeitswelt. Auch ältere Arbeitnehmer mit Wissen und Kenntnissen, die der Arbeitsmarkt benötigt, werden zunehmend vom demografischen Wandel profitieren - auch wenn noch längst nicht alle Unternehmen die "silver generation" für sich entdeckt hat und die Statistiken über die Erfolgstory der deutschen Senior-Work-Force geschönt sind. Dennoch scheint der Jugendwahn, der noch vor wenigen Jahren beschäftigungslosen Menschen über 40 kaum noch Chancen auf dem Arbeitsmarkt zugestand, sich langsam zu verflüchtigen. Die ersten Anzeichen dafür sind jedenfalls schon erkennbar. Daimler hat zum Beispiel in Kooperation mit der Friedrich-Ebert-Stiftung eine Untersuchung veröffentlicht, die sich des Themas einer besseren Gesundheitsvorsorge für ältere Arbeitnehmer angenommen hat. Ihr Titel: "Perspektive Alter und Arbeit". Der Elektrokonzern Weidmüller ist geradezu vorbildlich, was die Erhaltung der Leistungsfähigkeit seiner Belegschaft anbelangt, die älter als 57 Jahre ist. Netto rekrutiert Arbeitnehmer über 50, weil der Lebensmitteldiscounter auf deren Erfahrung zählt; und der Siemenskonzern holt bereits aus Altersgründen ausgemusterte Mitarbeiter zurück, wenn er deren Spezialwissen anzapfen will. (5), (8)

Trends

Manche sind gleicher als andere

Dank der demografischen Entwicklung in Deutschland scheinen Arbeitnehmer tatsächlich einmal am längeren Hebel zu sitzen. Wenn kein grundlegender Wandel eintritt und dem Arbeitsmarkt frisches Blut aus dem Ausland versagt wird, dann werden gut ausgebildete Fachkräfte in deutschen Firmen keinen Grund zum Klagen haben. Schon jetzt lässt sich an dem Bündel von Maßnahmen, das einzelne Unternehmen für ihre Mitarbeiter eingeführt haben, ablesen, was in Zukunft den Arbeitsmarkt prägen wird: Eine gut austarierte Work-Life-Balance, damit die Leistungsfähigkeit des kostbaren "human capitals" so lange wie möglich erhalten bleibt. Wie scheinheilig dieser von deutschen Unternehmen initiierte Paradigmenwechsel ist, zeigt allerdings der Umgang mit Zeitarbeitern. Diese fristen ein Dasein am untersten Lohnniveau und werden wie Schachfiguren hin- und hergeschoben - von Work-Life-Balance also keine Spur. Es bleibt nur zu hoffen, dass irgendwann auch sie von dem Mitarbeitermangel in deutschen Landen profitieren werden. (9)

Fallbeispiele

DB will Top-Arbeitgeber werden

Die Deutsche Bahn (DB) will bis zum Jahr 2020 zum Top-Arbeitgeber avancieren. Dafür hat sie schon jetzt die Weichen gestellt. Seit wenigen Monaten bietet sie beispielsweise ihren rund 3 000 Führungskräften Sabbaticals bis zu einem halben Jahr Dauer an, ohne dass diese begründen müssen, wofür sie die Auszeit nehmen. Als Sahnehäubchen obendrauf beziehen die DB-Mitarbeiter während der freien Tage ihr Grundgehalt weiter. Der Konzern arbeitet außerdem mit Partnern wie zum Beispiel der Arbeiterwohlfahrt zusammen, um ihren Mitarbeitern noch mehr soziale "Benefits" zu bieten. Dazu gehören Kindergartenplätze in Städten wie Frankfurt und München. Hand in Hand mit diesen Aktionen geht der Wunsch der Bahn, den Frauenanteil an Führungskräften bis 2015 von derzeit 15,8 Prozent auf zwanzig Prozent zu erhöhen und die Präsenzkultur aufzuweichen. Konkret heißt das, dass sie keine Besprechungen mehr nach 18 Uhr ansetzt. Der soziale Wandel, den sich die Deutsche Bahn auf die Fahnen geschrieben hat, ist eine der tragenden Säulen der neuen Strategie, mit der die Bahn für bestehende und zukünftige Arbeitnehmer ein attraktiver Arbeitgeber werden will. (6)

Weidmüller: Work-Balance-Programm für ältere Arbeitnehmer

Weidmüller, ein Elektrokonzern aus Nordrhein-Westfalen, hat für Mitarbeiter, die älter als 57 Jahre sind, ein Work-Balance-Programm entwickelt. Dazu gehören Kochkurse, in denen die Teilnehmer die Grundlagen einer gesunden Ernährung erlernen oder Geldspritzen für Kurzurlaube. Das Unternehmen bietet ihnen außerdem an, statt im Drei-Schicht-Betrieb nur noch im Zwei-Schicht-Betrieb zu arbeiten. Über 57-jährige können außerdem sechs Monate pro Jahr ein Teilzeitvertragsmodell in Anspruch nehmen: Sie arbeiten zweimal drei Monate voll, haben dafür aber auch zweimal drei Monate frei. Auch jüngere Mitarbeiter profitieren von Weidmüllers Work-Balance-Programm. Sie freuen sich zum Beispiel über Bio-Kost, Sportmöglichkeiten und Angebote für das Gesundheitsmanagement. Angesichts dieser Wohlfühloffensive ist es kein Wunder, dass Weidmüller Jahr für Jahr Lorbeeren einheimst, die das Unternehmen als Top-Arbeitgeber auszeichnen. (4)

BayernLB investiert in Sozialprogramme

Auch die BayernLB versucht die Gefahren, die der demografische Wandel mit sich bringt, mit Sozialprogrammen für ihre Mitarbeiter auszuhebeln. Die Bank kooperiert in München mit mehreren Kinderkrippen und einem Kindergarten; sie bietet Eltern während der Sommerferien ein Betreuungsprogramm für ihre Kinder an; sie arbeitet mit einem Fitness-Studio zusammen, hat Arbeitsplätze mit ergonomischen Büromöbeln ausgestattet und unterstützt ihre Mitarbeiter über den Eltern-Service der Arbeiterwohlfahrt mit einem Beratungsprogramm zur Beantragung und Finanzierung von Pflegediensten für Angehörige. (3)

Phoenix Contact hat die Nase vorn

In einer Studie, die das Düsseldorfer Marktforschungsunternehmen CRF veröffentlicht hat, hat der Elektrotechnikproduzent Phoenix Contact als Primus unter den besten Arbeitgebern für Ingenieure abgeschnitten. An der Untersuchung beteiligten sich 118 Unternehmen. Sie beantworteten einen umfangreichen Fragenkatalog zu ihrer Personalpolitik und deren Umsetzung. Das familiengeführte Unternehmen Phoenix Contact hatte die Nase nicht nur vor ihren Konkurrenten, sondern erreichte auch in drei Kategorien die Höchstpunktzahl: Work-Life-Balance, Training und

Entwicklung sowie Innovationsmanagement. (7)

Weiterführende Literatur

(1) Recruiter brauchen gute Argumente
aus werben & verkaufen Nr. 34 vom 23.08.2012, S. 64 - 66

(2) Mit frischen Ideen zu neuen Mitarbeitern
aus DVZ, Nr. 107 vom 06.09.2012

(3) Die Eltern können guten Gewissens ins Büro gehen
aus Die SparkassenZeitung, 06.07.2012, Nr. 27, S. 11

(4) Gesundheitsmanagement Weidmüller legt Richtlinie zur Work-Life-Balance im Alter vor
aus www.maschinenmarkt.de vom 27.07.2012

(5) Wider den Jugendwahn
aus - Personalwirtschaft, Heft 07/2012, S. 56-58

(6) DB bezahlt sechs Monate Auszeit
aus DVZ, Nr. 100 vom 21.08.2012

(7) Phoenix Contact als "bester Arbeitgeber" ausgezeichnet
aus Wasser, Luft und Boden, Heft 03/2012, S. 6

(8) Das Comeback der Grauhaarigen
aus MAINPOST Ausgabe vom 29.08.2012

(9) Kommentar Die modernen Arbeitssklaven
aus bpz baupraxiszeitung, Heft 5, 2012, S. 1

(10) Die Führungskraft als Coach - Helfer und
Begleiter im Change-Prozess
aus GENIOS WirtschaftsWissen Nr. 09 vom 12.09.2012

Impressum

Verhätscheltaktik - Unternehmen umgarnen Mitarbeiter mit "Social Benefits"

Bibliografische Information der deutschen Nationalbibliothek

Die Deutsche Nationalbibliothek verzeichnet diese Publikation in der deutschen Nationalbibliografie; detaillierte bibliografische Daten sind im Internet über http://dnb.d-nb.de abrufbar.

ISBN: 978-3-7379-1291-4

© 2015 GBI-Genios Deutsche Wirtschaftsdatenbank GmbH, Freischützstraße 96, 81927 München, www.genios.de

Alle Rechte vorbehalten. Dieses Werk ist einschließlich aller seiner Teile – z.B. Texte, Tabellen und Grafiken - urheberrechtlich geschützt. Jede Verwertung außerhalb der Grenzen des Urheberrechtsgesetzes bedarf der vorherigen Zustimmung des Verlags. Dies gilt insbesondere auch für auszugsweise Nachdrucke, fotomechanische

Vervielfältigungen (Fotokopie/Mikroskopie), Übersetzungen, Auswertungen durch Datenbanken oder ähnliche Einrichtungen und die Einspeicherung und Verarbeitung in elektronischen Systemen.